豐子愷人生語錄

生活篇

一片片的落英
都含蓄着人間的情味
——俞平伯評豐子愷

序

人生短，藝術長

豐子愷，中國現代文化藝術大舞台上一個響亮的名字。他以卓絕的藝術修養和堅韌不拔的創作意志，一生涉及美術、文學、音樂、書法、翻譯等各個藝術領域，並且都取得了傑出的成就。同時，他作為一代高僧弘一大師（李叔同）的得意弟子，在佛學上也具有很深的造詣，實可謂不可多得的文化藝術全才。早在二十世紀四十年代，日本著名漢學家吉川幸次郎在讀了他的隨筆後就認為：「我覺得，著者豐子愷，是現代中國最像藝術家的藝術家。」事實上，世間大眾對這位最像藝術家的藝術家並不陌生。這是因為，豐子愷早已為世人留下了難以計數的、雅俗共賞的漫畫作品以及眾多的散文、藝術隨筆、藝術論著和翻譯作品等。

豐子愷（一八九八——一九七五），浙江省石門縣玉溪鎮（今桐鄉市石門鎮）人。祖上自浙江金華遷入，世代均為詩書禮樂之家。其父為清朝末代舉人，家有祖傳染坊。自幼在家鄉以「小畫家」聞名，未滿十六歲即在《少年雜誌》發表寓言四篇，可謂少年之才俊。一九一四年，他以優異的成績考入浙江省立第一師範學校，師從李叔同先生學習圖畫音樂，從夏丏尊先生習文學。一九一九年與吳夢非、劉質平共同創辦上海專科師範學校，同年參與發起成立中華美育會，次年參與編輯《美育》雜誌。一九二一年春赴日本遊學十個月。回國後先後在浙江省上虞春暉中學、上海立達學園等校任教。一九二二年發表簡筆畫於春暉中學《春暉》校刊，一九二五年在上海《文學週報》發表畫作多幅，被冠名為「子愷漫畫」。一九二五年出版第一本漫畫集《子愷漫畫》，隨後出版畫冊甚多。一九二七年皈依弘一大師，並開始與弘一大師共同創作《護生畫集》（上海譯文出版社於二〇一二年九月重新整理推出了新一版《護生畫集》）。一九三一年出版第一部隨筆集《緣緣堂隨筆》，一九三三年春在故鄉石門新建緣緣堂，所作隨筆通稱為「緣緣堂隨筆」。撰寫、翻譯藝術論著甚多，並擅長書籍裝幀、音樂普及和書法。一九三七年十一月，故鄉遭日軍轟炸，遂率全家輾轉逃難。其間曾任桂林師範學校教師、浙江大學副教授、國立藝術專科學校教授等職。抗戰勝利後，全家於一九四六年秋重返上海。一九四七年春卜居杭州靜江路（今北山路）。一九四八年秋赴台灣旅行並舉辦畫展，後轉赴廈門。一九四九年四月初赴香港請葉恭綽先生題《護生畫三集》並舉辦畫展，同月下旬回上海定居，直至一九七五年病逝。曾任上海美術家協會主席、上海中國畫院首任院長、第三屆全國政協委員等職。

豐子愷的一生是藝術的一生，他對中國現代藝術的貢獻巨大。他撒下了無數顆藝術的種子，為後人留下了無價的精神財富。如今的讀者，真的要感謝豐子愷先生為世人留下的這些精彩而又豐富的精神食糧。在他的一生中，曾出版過一百七十餘種文學、繪畫、藝術理論、日記、翻譯等各類著述，若加上他人編輯出版的書籍，其數量可達二百餘種。可知，豐子愷確實如同論者所說的，是文化藝術領域中的一位「辛勤的播種者」。

豐子愷的漫畫曾受多位日本畫家的影響，尤其是竹久夢二，豐子愷以為，讀其畫，胸襟為之一暢，「彷彿苦熱中的一杯冷咖啡」。豐子愷漫畫的藝術特色，首先是意到筆不到的意韻追求，寥寥數筆，人物的形態卻躍然紙上。他自己說過：「作畫意在筆先，只要意到，筆不妨不到，有時筆到了反而累贅。」其次是他的漫畫具有很強的文學性。他以為「文學之中，詩是最精彩的」。「古人云：『詩人言簡而意繁。』我覺得這句話可以拿來準繩我所歡喜的漫畫。我以為漫畫好比文學中的絕句，字數少而精，含意深而長。」豐子愷重視文學與繪畫的融通之關係。他曾專門出版過一本叫《繪畫與文學》的書（一九三四年五月開明書店版）。他認為：「各種藝術都有通似性。而繪畫與文學的通似性尤為微妙。探究時頗多興味。」豐子愷作漫畫，有許多更是以文學本身的詩句為題，其畫也便隨着有了更濃的文學味了。三是豐子愷漫畫具有書法筆意。豐子愷是畫家，也是書家。他的畫自成一家，他的書法同樣別具一格。而且，研究豐子愷的漫畫，不能不研究他的書法。因為，豐子愷漫畫的藝術特色在很大程度上是有賴於其書法的絕妙配合。豐子愷的書法，舒展有度，佈局妥帖的書藝，讀來很是悦目。

豐子愷的隨筆在內容上是與其漫畫創作同步的。他的隨筆，總是選取自己熟悉的生活題材，無論是兒童生活，還是社會生活，他總是取其片段，以自己的所感，用最樸質的文字坦率地表達出來，傾注了一股真摯而又深沉的情感，同時又不乏哲理性的文句，很容易打動讀者的心靈並引起共鳴。文學界對他的隨筆好評多多。如趙景深在《豐子愷和他的小品文》中說：「他不把文字故意寫得很艱深，以掩飾他那實際內容的空虛。他只是平易的寫去，自然就有一種美，文字的乾淨流利和漂亮，怕只有朱自清可以和他媲美。以前我對於朱自清的小品非常喜愛，現在我的偏嗜又加上豐子愷。」郁達夫在編選《新文學大系．散文二集》時收入豐子愷的五篇散文，即《漸》《秋》《給我的孩子們》《夢痕》和《新年》。郁達夫在評點文字中說：「浙西人細膩深沉的風致」在豐子愷的散文裏得到了體現，又説「人家只曉得他的漫畫入神，殊不知他的散文清幽玄妙，靈達處反遠出在他的畫筆之上」。豐子愷的漫畫和隨筆，或將傳統詩詞意境融於作品之中，或體味兒童意趣展現童心世界，或細緻觀察人間萬相投諸筆端，或充溢鄉土情懷描繪家國風情，抑或懷揣慈悲精神追求護生護心旨趣。對於他而言，漫畫與隨筆如同孿生姊妹。

豐子愷還撰寫或翻譯了大量的藝術理論著作，其中有音樂方面的，也有美術方面的；有綜合藝術，也有藝術史傳等。他在這方面的貢獻，「像給緊閉的房屋打開了一扇小窗」（丁善德語），而葉聖陶在《豐子愷文集》序言裏也說：「在三十年代，子愷兄為普及音樂繪畫等藝術知識寫了不少文章，編了好幾本書，使一代的知識青年，連我這個中年人也包括在內，受到了這些方面很好的啟蒙教育。」在藝術理論上，豐子愷也有自己的追求。首先是藝術的大眾化，以為藝術作品需要「曲高和眾」，而不應該是「曲高和寡」，甚至還認為：「今後世界的藝術，顯然是趨向着『大眾藝術』之路。文學上早已有『大眾文學』的運動出現了。一切藝術之中，文學是與社會最親近的一種。它的表現工具是『語言』。這便是使它成為一種最親近社會的藝術的原因……故將來世界的繪畫，勢必跟着文學走大眾藝術之路，而出現一種『大眾繪畫』。大眾繪畫的重要條件，第一是『明顯』，第二是『易解』」；二是藝術的現實化，以為「美術是為人生的。人生走到哪裏，美術跟到哪裏。」「文藝之事，無論繪畫，無論文學，無論音樂，都要與生活相關聯，都要是生活的反映，都要具有藝術的形式，表現的技巧，與最重要的思想感情。藝術缺乏了這一點，就都變成機械的、無聊的雕蟲小技。」

豐子愷還是一位書法家。很多人喜歡他的書法。巴金說過：「一九三〇年我翻譯的克魯泡特金《自傳》脱稿，曾託索非轉請豐先生為這書寫了封面題字，我不用説我得到他的手跡時的喜悦。」許欽文也有介紹，他在談及書籍裝幀藝術家陶元慶的逝世時説：「陶元慶於一九二九年八月逝世，我們把他公葬在玉泉道旁，墓碑和『元慶園』三字都請豐先生寫，因為大家喜歡看他的字。」豐子愷自述曾認真地臨摹過《張猛龍碑》《龍門十二品》《魏齊造像》等許多碑帖。他認為：書法「是最高的藝術……藝術的主要原則之一，是用感覺領受。感覺中最高等的無過於眼和耳。訴於眼的藝術中，最純正的無過於書法。訴於耳的藝術中，最純正的無過於音樂。故書法與音樂，在一切藝術中佔有最高的地位」。基於這樣的認識，豐子愷一向很重視書法。他承認，在畫筆滯頓時，總是要寫寫毛筆字，力求從書法藝術中領悟出一些作畫的味道。對此，朱光潛給出了證據，他介紹說：「書畫在中國本有同源之說。子愷在書法上曾下過很久的功夫。他近來告訴我，他在習章草，每遇在畫方面長進停滯時，他便寫字，寫了一些時候之後，再丟開來作畫，發現畫就有長進。懂書法的人都知道筆力須經過一番艱苦的訓練才能沉着穩重，墨才能入紙，字掛起來看時才顯得生動而堅實，雖像是龍飛鳳舞，卻仍能站得穩。」豐子愷漫畫上的題書，其實也與其畫是一對孿生兄弟。他的畫如沒有他的題書，絕不會有現在大家公認的美感。對於練習書法，豐子愷很看重精神與個性。他在《書法略說》中明確闡述道：「一般人學書法，大都專拿碑帖來臨摹，老是一筆一筆地照樣描寫。這方法很不好。因為這樣只能學得字的皮毛，不能學得字的精神。要學字的精神，必須多看。」他又說：「有些人寫字，死板地臨摹古人碑帖，學得同碑帖分不出來。這人決不能成為書法大家。因為依樣畫葫蘆，失去了自己的個性。」其實，他撰寫《書法略說》也是他重視普及書法的體現，文章從中國字的特色、書法的變化，到歷代書法大家、碑帖的學法、筆的用法乃至行間與章法等都介紹得十分詳細，對初學書法者具有很好的啟發意義。

以往，對於這樣一位辛勤播種者播下的「種子」的收集和整理，除了各地出版單位出版的各種文集、畫集等之外，主要集中在二十世紀九十年代初浙江文藝出版社、浙江教育出版社聯合出版的《豐子愷文集》（藝術卷四卷、文學卷三卷）和此後京華出版社出版的多卷本《豐子愷漫畫全集》之中，此後又有《豐子愷全集》出版。誠然，以上文集、全集等已經為廣大讀者提供了作為現代中國的重要作家、畫家、藝術教育家和翻譯家的豐子愷的創作面貌。對於研究界而言，更全面準確認識、評判豐子愷的時代已經到來。但對於普通讀者而言，讀其作品，並感悟其人生與藝術的態度，除了精讀文本之外，或許還可以用別種方式來獲取，出版社也可以用別樣的呈現方式來實現，以期使讀者在豐子愷的作品中更清晰明瞭地領悟其在為人處世和在藝術上的精妙之處，並由衷地體會其作為藝術家的真率和對世間萬物豐富的愛。

所謂別種呈現方式，在以往也有不少人在嘗試。比如在編選方面，以漫畫為例，有諸如兒童、社會、護生等專題畫集；在作品詮釋方面，既有對於其漫畫的文字尋繹，也有對其經典隨筆作品的品讀筆記等。誠然，這些嘗試都有助於讀者對豐子愷的理解，但有一種方式則相對比較別致，即以豐子愷經典語錄彙編的形式展現其對人生與藝術的態度。這樣的嘗試，豐子愷長子豐華瞻、長女豐陳寶都做過。前者出版了《豐子愷論藝術》，後者在刊物上發表過豐子愷藝術語錄。二者的共同特點都是在豐子愷浩瀚的藝術文獻中選取最值得記取的經典段落，從中凸顯豐子愷的藝術見解，有益於讀者把握豐子愷的藝術觀念和人生追求。這樣做的好處，很可以採用他人對豐子愷的評判來作一反證。評論家們對豐子愷人生與藝術的評論可謂多矣，但人們卻往往記住的是評論家們評論文章中的經典段落。比如評論家論豐子愷漫畫，俞平伯「以詩題作畫料，自古有之；然而借西洋畫的筆調寫中國詩境的，以我所知尚未曾有。有之，自足下始」「『漫畫』，在中國實是一創格；既有中國畫風的蕭疏淡遠，又不失西洋畫法的活潑酣姿……譬如青天行白雲，捲舒自如」；朱自清「一幅幅的漫畫，就如同一首首的小詩——帶核兒的小詩。你將詩的世界東一鱗西一爪地揭露出來，我們這就像吃橄欖似的，老覺着那味兒」；泰戈爾「豐子愷的漫畫是詩與畫的具體結合，也是一種創造……高度藝術所表現的境地，就是這樣」。無論是在哪個時期，這些論述，幾乎都成了人們評判豐子愷漫畫的經典名句。其實，豐子愷自己的精彩語錄也是如此，一句或一段經典說詞，往往就能傳遞生活或藝術的真諦。比如豐子愷談藝術：「大藝術家的少年時代必然富有藝術的素養。倒轉來說：少年時代必須充份具有藝術的環境與教養，長大起來才能成為大藝術家。」（這是在總結了藝術家成長規律後得出的具有普遍性意義的結論）再比如他談人生：「做人不能全為實利打算。全為實利打算，換言之，就是只要便宜。充其極端，做人全無感情，全無意氣，全無趣味，而人就變成枯燥、死板、冷酷、無情的一種動物。這就不是『生活』，而僅是一種『生存』了。」（如今國家大力張揚美育，此語實可謂是十分通俗易解的闡釋）如此等等，豐子愷的人生與藝術語錄，充滿着人生睿智和藝術真諦，是如今人們感悟人生、發揚藝術的絕好的「通俗教材」。

本書是豐子愷幼女豐一吟老師從豐子愷著述中精選出來的語錄，內容涉及豐子愷談藝術、談繪畫、談文學、談音樂、談書法與金石、談詩詞、談兒童、談人生哲理與抗戰、談閒情和談弘一與宗教。[1] 就藝術與人生而言，實可謂無所不談了。相比較豐華瞻和豐陳寶的選本，此集更為全面，含括內容更廣泛。如果說當年豐子愷見到日本漫畫家竹久夢二的畫作時，以為讀其畫，胸襟為之一暢，「彷彿苦熱中的一杯冷咖啡」，那麼我相信，如今讀者在讀了這些豐子愷有關藝術與人生的語錄時，亦會像在困倦的午後品嘗了一杯香濃的甜咖啡，頓覺身心為之一振：人生和藝術是那麼美好！

陳星

二〇一八年九月二十二日於杭州

*〈序〉作者為杭州師範大學教授，弘一大師、豐子愷研究中心主任。

① 本書繁體字版分為「藝術篇」、「生活篇」二冊。

目錄

第一章

談兒童

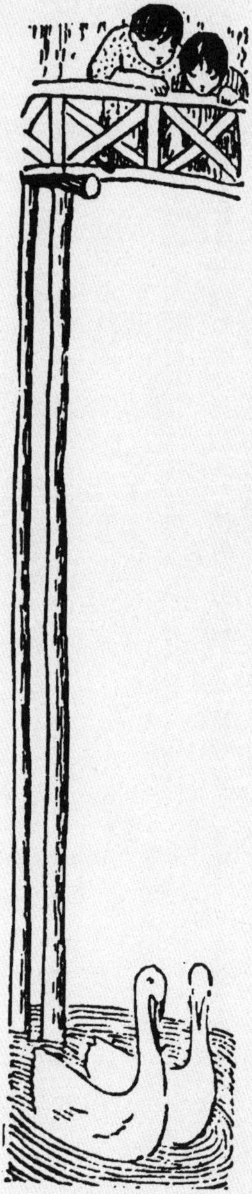

近來我的心為四事所佔據了：天上的神明與星辰，人間的藝術與兒童，這小燕子似的一群兒女，是在人世間與我因緣最深的兒童，他們在我心中佔有與神明、星辰、藝術同等的地位。

——《兒女》

天地間最健全的心眼，只是孩子們的所有物，世間事物的真相，只有孩子們能最明確、最完全地見到。我比起他們來，真的心眼已經因了世智塵勞而蒙蔽，是一個可憐的殘廢者了。

——《兒女》

孩子們！……我在世間，永沒有逢到像你們樣出肺肝相示的人。世間的人群結合，永沒有像你們樣的徹底的真實而純潔。

——《給我的孩子們》

我們不得不讚美兒童了。因為兒童大都是最富於同情的，且其同情不但及於人類，又自然地及於貓犬、花草、鳥蝶、魚蟲、玩具等一切事物，他們認真地對貓犬說話，認真地和花接吻，認真地和人像（玩偶）玩耍，其心比藝術家的心真切而自然得多！他們往往能注意大人們所不能注意的事，發見大人們所不能發見的點。所以兒童的本質是藝術的。換言之，即人類本來是藝術的，本來是富於同情的。只因長大起來受了世智的壓迫，把這點心靈阻礙或消磨了。惟有聰明的人，能不屈不撓。外部即使飽受壓迫，而內部仍舊保藏着這點可貴的心。這種人就是藝術家。

——《美與同情》

小孩子真是人生的黃金時代！我們的黃金時代雖然已經過去，但我們可以因了藝術的修養而重新面見這幸福，仁愛，而和平的世界。

——《美與同情》

人生之有賴於美的慰藉，藝術的滋潤，是很多的。人生中無論何事，第一必須有「趣味」，然後能歡喜地從事。這「趣味」就是藝術的。我不相信世間有全無「趣味」的機械似的人。勞動者歇在蔭涼的綠蔭下面的時候，口中也要不期地唱出山歌；農夫背了鋤頭回家的時候，對於莊嚴燦爛的夕陽不免要駐足回頭。何況於初出黃金時代的兒童？故先生對於兒童，實在可以時時處處利用其固有的「趣味」，以抽發其藝術的感情，則教育的進行的道路必可平滑得多。

——《關於學校中的藝術科》

我向來憧憬於兒童生活。尤其是那時，我初嘗世味，看見了所謂「社會」裏的虛偽矜忿之狀，覺得成人大都已失本性，只有兒童天真爛漫，人格完整，這才是真正的「人」。於是變成了兒童崇拜者，在隨筆中（指《緣緣堂隨筆》。——編者）漫畫中，處處讚揚兒童。

——《漫畫創作二十年》

兒童世界与
成人世界
子愷畫
緣緣堂畫箋

你們的孩子，不是常常熱衷於弄爛泥，騎竹馬，摺紙鳥，抱泥人的麼？他們把全副精神貫注在這等遊戲中，興味濃酣的時候，冷風烈日之下也不感其苦，把吃飯都忘卻。試想想看，他們為甚麼這樣熱衷？與農夫的為收穫而熱衷於耕耘，木匠的為工資而熱衷於斧斤，商人的為財貨而熱衷於買賣，政客的為勢利而熱衷於奔走，是同性質的麼？不然，他們沒有目的，無所為，無所圖。他們為遊戲而遊戲，手段就是目的，即所謂「自己目的」，這真是藝術的！

——《告母性》

你們現在的教訓，便是預定他們將來的人格的。你們現在的指示，便是預定將來這世界的方針的。

——《告母性》

教養孩子，只要教他永遠做孩子，即永遠不使失卻其孩子之心。孟子說：「大人者，不失其赤子之心者也。」所謂赤子之心，就是前文所說的孩子的本來的心。……天地的靈氣獨鍾於孩子。

——《告母性》

世間的母親！你們對孩子講話的時候，須得親自走進孩子的世界中去，講他們的世界中的話。即你們對孩子講話的時候必須自己完全變成孩子。

——《幼兒故事》

我嘆佩孩子的造型的敏感。孩子比大人，概念弱而直觀強，故所見更多擬人的印象，容易看見物象的真相。藝術家就是學習孩子們這種看法的。

——《顏面》

大人和孩子，分居兩個不同的世界。所以不同者，是為了我們這世界裏有不可超越的大自然的定理，有不可破犯的人為的規律，而在孩子的世界裏沒有這些羈網。

——《關於兒童教育》

瞻々底車
(二)脚踏車
TK

大人像大人，小孩像小孩，是正當的、自然的狀態。像小孩的大人，世間稱之為「瘋子」，即殘廢者。然則，像大人的小孩，何獨不是「瘋子」、「殘廢者」呢？

——《關於兒童教育》

孩子的看事物，常常解除事物的一切關係，能清晰地看見事物的真態。所以在他是燦爛的世界，在我只覺得枯寂。猶之一塊洋錢，在我看了立刻想起這是有效用的一塊錢，是誰所有的，與我有何關係；而在孩子看來，只見一塊渾圓閃白的浮雕，何等美麗！

——《關於兒童教育》

親身去看看兒童的世界，不要誤解他們，虐待他們，摧殘他們的美麗與幸福，而硬拉他們到這枯燥苦悶的大人的世界裏來！

——《關於兒童教育》

人類之初，天生成是和平的、愛的，故小孩子天生有藝術的態度的基礎。小孩子長大起來，涉世漸深，現實漸漸暴露，兒時所見的美麗的世界漸漸破產，這是可悲哀的事。

——《關於兒童教育》

這是兒童本來具有的心，不必父母與先生教它。只要父母與先生不去摧殘它而培養它，就夠了。

——《關於兒童教育》

我的孩子們！我憧憬於你們的生活，每天不止一次！我想委曲地說出來，使你們自己曉得。可惜到你們懂得我的話的意思的時候，你們將不復是可以使我憧憬的人了。這是何等可悲哀的事啊！

——《給我的孩子們》

快樂的勞働者
TK

世間的大人們，你們是由兒童變成的，你們的「童心」不曾完全泯滅。你們應該時時召回自己的童心，人類原有表現感情的本能。藝術是美的感情的發現，故知其起源於表現本能。人類從小兒時代就有這種本能。心中歡喜時要笑，心中苦痛時要哭，心中喜怒哀樂都要表現到外面來。

——《關於兒童教育》

造物主給我們頭上生一雙眼睛，原是教我們看物象的。但他曾經叮囑我們：「要用眼睛看物象的本身，又看物象的意義！」小孩子出生不久，分明記得這句話，看物象時都能夠注意其本身，後來年紀長大，便忘了上半句，不看物象的本身，而轉看物象的意義了。學藝術便是補上這上半句的。

——《藝術修養基礎》

兒童生活富有趣味，可以救濟大人們生活的枯燥與苦悶。

——《藝術修養基礎》

玩弄私塾先生，鬧禍，不肯用功，正是健全兒童的表徵。服從、忍耐、不鬧禍，終日埋頭用功，在大人或者可以做到，但這決不是兒童的常態。兒童而能循規蹈矩，終日埋頭讀書，真是為父母者的家門之不幸了。我每見這種殘廢的兒童，必感到濃烈的悲哀。

——《關於兒童教育》

我常常「設身處地」地體驗孩子們的生活。換一句話說，我常常自己變了兒童而觀察兒童。

——《子愷漫畫選》自序

研究（四）

由於「熱愛」和「親近」，我深深地體會了孩子們的心理，發見了一個和成人世界完全不同的兒童世界。兒童富有感情，卻缺乏理智，兒童富有慾望，而不能抑制。因此兒童世界非常廣大自由，在這裏可以隨心所欲地提出一切願望和要求：房子的屋頂可以要求拆去，以便看飛機；眠床裏可以要求生花草，飛蝴蝶，以便遊玩；櫈子的腳可以給穿鞋子；房間裏可以築鐵路和火車站；親兄妹可以做新官人和新娘子；天上的月亮可以要它下來……

——《子愷漫畫選》自序

推想起來，孩子們常是誠實的、「稱心而言」的；而我們呢，難得有一日不犯「言不由衷」的惡德。唉！我們本來也是同他們那樣的，誰造成了我們這樣呢？

——《從孩子得到的啟示》

最初的朋友

我帶了空虛而寂寥的心，彷徨在十字街頭，觀看他們所轉入的社會，我想像這裏面的人，個個是從那天真爛漫、廣大自由的兒童世界裏轉出來的。但這裏沒有「花生米不滿足」的人，卻有許多麵包不滿足的人。

——《談自己的畫》

試看現在的家庭裏，桌子都比小孩子的頭高，椅子都是小孩子所坐不着的，門都是小孩子開不着的，談的話與做的事都是小孩子所聽不懂又感不到興味的。設身處地地想來，假如我們大人到了這樣一個設備不稱身而言行莫名其妙的異人的家庭裏去生活，我們當感到何等的苦痛！

——《兒童的年齡性質與玩具》

成人的世界，因為受實際的生活和世間的習慣的限制，所以非常狹小苦悶。孩子們的世界不受這種限制，因此非常廣大自由。年紀愈小，其所見的世界愈大。

——《談自己的畫》

我看見世間的大人都為生活的瑣屑事件所迷着，都忘記人生的根本，只有孩子們保住天真，獨具慧眼，其言行多足供我欣賞者。八指頭陀詩云：「吾愛童子身，蓮花不染塵。罵之唯解笑，打亦不生嗔。對境心常定，逢人語自新。可慨年既長，物慾蔽天真。」我當時曾把這首詩用小刀刻在香煙嘴的邊上。

——《談自己的畫》

所謂培養童心，應該是甚樣的方法呢？總之，要處處離去因襲，不守傳統，不順環境，不照習慣，而培養其全新的、純潔的「人」的心。

——《關於兒童教育》

古人詩云：「去日兒童皆長大，昔年親友半凋零。」這兩句確切地寫出了中年人的心境的空虛與寂寥。

——《談自己的畫》

昔日的兒童生活相能「佔據」我的心，能使我歸順它們；現在的世間相卻只是常來「襲擊」我這空虛寂寥的心，而不能佔據，不能使我歸順。

——《談自己的畫》

軟々新娘子，
瞻々新官人
寶姊々做媒人。
TK

藝術家的眼光與兒童的眼光，有一點重要區別，即兒童的眼光常常是直線，不能彎曲。藝術家的眼光則能屈能伸。在觀察物象、研究藝術的時候，眼光同兒童一樣筆直；但在處理日常生活的時候，眼光又會彎曲起來。

——《藝術的眼光》

兒童思想簡單，最容易發見物象的本相。所以，學畫從兒童時代學起，最易入門。

——《藝術的眼光》

我相信一個人的童心，切不可失去。大家不失去童心，則家庭、社會、國家、世界，一定溫暖、和平而幸福。所以我情願做「老兒童」，讓人家去奇怪吧。

——《我與「新兒童」》

櫈子是桌、桌子是屋、
餅干罐頭是櫈子、
花瓶是煙囱、
子愷畫、
緣緣堂畫箋
TK

創作与鑑賞

馬兒

第二章

談人生哲理與抗戰

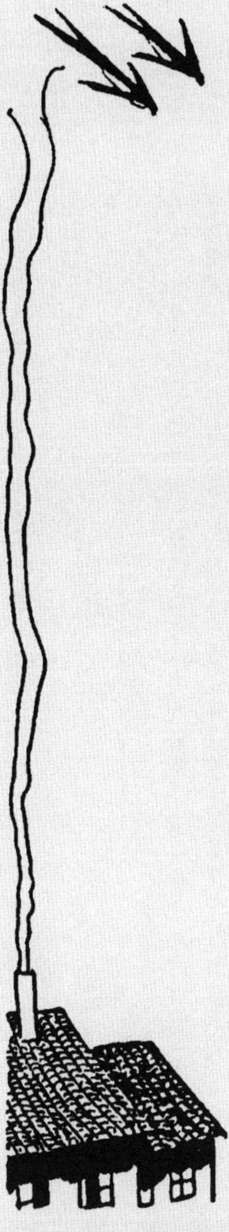

人生總是人生。人生的幸福可由人自己製造出來。物極必反。人生苦到了極點，必定會得福。

——《新年小感》

我的年齡告了立秋以後，心境中所起的最特殊的狀態便是這對於「死的體感」。以前我的思慮真疏淺！以為春可以常在人間，人可以永在青年，竟完全沒有想到死。又以為人生的意義只在於生，而我的一生最有意義，似乎我是不會死的。直到現在，仗了秋的慈光的鑒照，死的靈氣鍾育，才知道生的甘苦悲歡，是天地間反覆過億萬次的老調，又何足珍惜？

——《秋》

歡喜讀與人生根本問題有關的書，歡喜談與人生根本問題有關的話，可說是我的一種習性。我從小不歡喜科學而歡喜文藝。為的是我所見的科學書，所談的大都是科學的枝節問題，離人生根本很遠；而我所見的文藝書，即使最普通的《唐詩三百首》、《白香詞譜》等，也處處含有接觸人生根本而耐人回味的字句。

——《談自己的畫》

從醫院回來
子愷畫
緣緣堂畫箋
TK

狹路
緣緣堂畫箋
TK

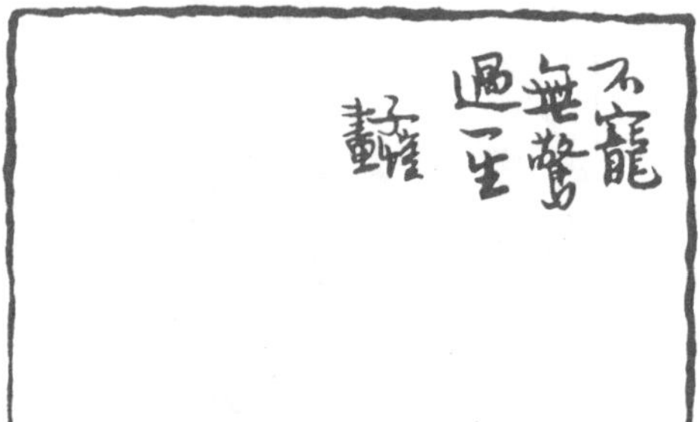
不寵無驚過一生
子愷畫
緣緣堂畫箋
TK

冰与烈日——人与自然的鬭争
子愷画
緣緣堂畫箋

凡及格的藝術，都是為人生的。且在我們這世間，能欣賞純粹美的藝術的人少，能欣賞含有實用分子的藝術的人多。正好比愛吃白糖的人少，而愛吃香蕉糖、花生糖的人多。所以多數的藝術品，兼有藝術味與人生味。對於這種藝術，我們所要求的，是最好兩者調和適可，不要偏重一方。

——《藝術與人生》

做人不能全為實利打算。全為實利打算，換言之，就是只要便宜。充其極端，做人全無感情，全無意氣，全無趣味，而人就變成枯燥、死板、冷酷、無情的一種動物。這就不是「生活」，而僅是一種「生存」了。

——《謝謝重慶》

藝術及於人生的效果，其實是很簡明的：不外乎吾人對藝術品時直接興起的作用，及研究藝術之後間接受得的影響。前者可稱為藝術的直接效果，後者可稱為藝術的間接效果。因為前者是「藝術品」的效果，後者是「藝術精神」的效果。

——《藝術修養基礎》

豺虎入中原萬人皆走避
但得除虎害不惜
流離苦　廿七年子愷

人生的滋味在於生的哀樂，藝術的福音在於其能表現這等哀樂。有的宜乎用文字來表現，有的宜乎用音樂來表現，又有的宜乎用繪畫來表現。這樣想來，在繪畫中描點人生的事象，寓一點意思，也是自然的要求。

——《中國畫的特色》

青年是人生最中堅的、最精彩的、最有變化的一部份。

——《青年與自然》

人生幸而有了無上的智慧。又不幸而得了這樣短促的生命，這樣藐小的身軀，這樣薄弱的心力，與這樣貧乏的物力，致使中人以下的俗眾，懾於客觀世間強大，而俯首聽命，迷真莫返。假如自然能改良其支配，使人的生命再長一點，人的身軀再大一點，人的心力再強一點，人的物力再富一點，使人處世如乘火車、如搭輪船，那麼人與世的比例相差不會那麼遠，就容易看到時間空間的真相，而不復為世之物慾之所迷了。

——《大人》

自然永遠調和，圓滿，而美麗。惟人生常有不調和，缺陷與醜惡的表演。然而人生的醜，終不能影響大自然的美。

——《桐廬負暄》

對於世間的麥浪，不要想起是麵包的原料；對於盤中的橘子，不要想起是解渴的水果；對於路上的乞丐，不要想起是討錢的窮人；對於目前的風景，不要想起是某鎮某村的郊野。倘能有這種看法，其人在世間就像大娘舅白相大世界一樣，能常常開心而讚美了。

——《剪網》

行路難
子愷畫

看壁報
我軍大捷
子愷

「漸」的作用，就是用每步相差極微極緩的方法來隱蔽時間的過去與事物的變遷的痕跡，使人誤認其為恒久不變。這真是造物主騙人的一大詭計！

——《漸》

藝術教育，是人生很重大的一種教育，非局部的小知識、小技能的教授。

——《關於學校中的藝術科》

人慾有五：食慾，色慾，知慾，德慾，美慾是也。食色二慾為物質的，為人生根本二大慾。但人決不能僅此滿足即止，必進而求其他精神的三大慾之滿足。此為人生快樂的向上，向上不已，食色二慾中漸漸混入美慾，終於由美慾取代食色二慾，是為慾之昇華。昇華之極，輕物質而重精神。所慾有甚於生，人生即達於「不朽」之理想境域。

——《精神的糧食》

歸家

對我生財
緣緣堂畫箋

歧途
子愷畫
緣緣堂畫箋
TK

家
緣緣堂畫箋
TK

我覺得時辰鐘是人生的最好的象徵了。時辰鐘的針，平常一看總覺得是「不動」的，其實人造物中最常動的無過於時辰鐘的針了。日常生活中的人也如此，刻刻覺得我是我，似乎這「我」永遠不變，實則與時辰鐘的針一樣無常！

——《漸》

在不知不覺之中，天真爛漫的孩子「漸漸」變成野心勃勃的青年；慷慨豪俠的青年「漸漸」變成冷酷的成人；血氣旺盛的成人「漸漸」變成頑固的老頭子。

——《漸》

我們所打算、計較、爭奪的洋錢，在他們（指孩子們。——編者）看來個個是白銀的浮雕的胸章；僕僕奔走的行人，血汗涔涔的勞動者，在他們看來個個是無目的地在遊戲，在演劇；一切建設，一切現象，在他們看來都是大自然的點綴，裝飾。唉！我今晚受了這孩子的啟示了：他能撤去世間事物的因果關係的網，看見事物的本身的真相。他是創造者，能賦給生命一切的事物。他們是藝術的國土的主人。唉，我要從他學習！

——《從孩子得到的啟示》

「人生如夢！」不要把這句話當作文學上的裝飾的麗句！這是當頭的棒喝！古人所道破，我們所痛感而承認的。

——《晨夢》

喝了兩杯老米酒，閉目靜坐，對過去生涯作一次總回顧。這次回顧，所見與往年略有不同。往年走的都是平路，今年走的路很崎嶇。站在崎嶇的丘壑中回顧過去的康莊，覺得太過平坦，竟變成了平凡。再過四天，十一月廿一日，是我們逃難週年紀念日。過去一年中，艱苦，焦灼，緊張，危險，已經備嘗。在他方面，僥倖、脫險、新鮮、快意的滋味也嘗過不少。所謂「山窮水盡疑無路，柳暗花明又一村」，用以比方我這一年間的生活，很是恰當。過去的生活，猶如一片大平原，長路漫漫，絕少變化，最多不過轉幾個彎，跳幾道溝，或是渡幾乘橋樑而已。這一年間的崎嶇之路，增加我不少的經驗，給我不少的鍛煉。然而我決不是讚美崎嶇之路而不樂康莊大道。誰不願在康莊大道上緩步徐行呢？但走崎嶇之路也有它的辛勞的報酬，並非全然不幸，尤不必視為畏途而叫苦連天。這一點精神，是我四十一歲生辰的退省中可以自勉的一事。至少希望我的孩子們將來能接受我這筆遺產。

——《教師日記》

窮的大人苦了，自己能知道其苦，因而能設法免除其苦。窮的小孩苦了，自己還不知道，一味茫茫然地追求生的歡喜，這才是天下之至慘！

——《窮小孩的蹺蹺板》

我想：「戲」與「真」相對，故不認真叫做「兒戲」。誰知專門的「戲」比「真」還要認真！反觀這世界：個人的事，家庭的事，社會的事，國家的事，國際的事，大都馬馬虎虎，隨隨便便，奇奇怪怪，鬼鬼祟祟，全同兒戲一樣！故「戲」和「真」這兩個字的意義，在現在應該顛倒過來，交換一下，把「戲」稱為「真」，把「真」稱為「戲」！

——《參觀夏聲平劇學校》

世間大小、高低、長短、厚薄、廣狹、肥瘦，以至貧富、貴賤、苦樂、勞逸、美醜、賢愚，都不是絕對的，都是由「比較」而來的。而且「比較」之力偉大得很，一切人生的不滿足也都是由於比較而生。

——《比較》

我願化天使空中收炸彈
子愷

大樹被斬伐生機並不絕春來怒抽條
氣象何蓬勃
子愷

嚴霜烈日皆經過次第春風到草廬
子愷

走盡崎嶇之路
前有美麗之鄉
TK

科學的企圖，藝術的理想，文明的要求，人生的慾望，在世間決沒有完全實現的地方。人世間一切的滿足都由於「比較」而生。

——《比較》

人生真是可悲的事！人情如此綿長，而人壽如此短促，天公真是惡作劇！

——書信《致夏宗禹》

「退一步海闊天空」真乃至理名言。有不如意時，設想更壞的，便可自慰。不滿現狀而懊恨，徒自苦耳。

——書信《致豐新枚、沈綸》

我年逾七十，閱人多矣。凡是不費勞力而得來的錢，一定不受用。要舉起例子來，不知多少。歪驢婆阿三（是豐子愷散文《歪驢婆阿三》中因中彩暴富又揮霍無度返貧的主人公。——編者）是一個突出的例子。他可給千古的人們作借鑒。自古以來，榮華難於久居。大觀園不過十年，金谷園更為短促。我們的阿三把它濃縮到一個月，對於人世可說是一聲響亮的警鐘，一種生動的現身說法。

——《歪驢婆阿三》

數理者之態度，大都爽直，故不覺生疏。彼此交情雖淺，只要理之所在，不妨直說或爭論。此是此種人之好處。文藝方面之人，往往言語曲折，態度拘謹，或神經過敏，探求言外之言，觀察行外之行。

——《教師日記》

「食色性也」，「飲食男女，人之大慾也」。聖賢把這兩件事體並稱，足證它們在人生具有同等的性狀與地位。何以人生把「色」隱秘起來，而把「食」公開呢？要隱秘，大家隱秘；要公開，大家公開！如果大家公開辦不到，不如大家隱秘。因為這兩件事，從其醜者而觀之，兩者都是醜態。

——《宴會之苦》

我覺得，人生好比喝酒，一歲喝一杯，兩歲喝兩杯，三歲喝三杯……越喝越醉，越醉越癡、越迷，終而至於越糊塗，麻木若死屍。只要看孩子們就可知道：十多歲的大孩子，對於人生社會的種種怪現狀，已經見慣不怪，行將安之若素了。只有七八歲的小孩子，有時把眼睛張得桂圓大，驚疑地質問：「牛為甚麼肯被人殺來吃？」「叫化子為甚麼肯討飯？」「兵為甚麼肯打仗？」……大孩子們都笑他發癡，我只見大孩子們自己發癡。他們已經喝了十多杯酒，漸漸地有些醉，已在那裏癡迷起來，糊塗起來，麻木起來了，可勝哀哉！我已經喝了四十杯酒，照理應該麻醉了。幸好酒量較好，還能知道自己醉。然而「人生」這種酒是越喝越濃，越濃越兇的。只管喝下去，我將來一定也有爛醉而不自知其醉的一日，為之奈何！

——《不惑之禮》

味的美惡無絕對價值，全視舌的感覺而定。大饑大荒，則樹皮草根味美於粱肉；窮奢極慾，則粱肉味同糟粕，而必另求山珍海味。得十求百，得百求千，得千求萬……這人慾的深淵沒有底止。人類社會中一切禍亂，都是這種人慾橫流而成！

——《桐廬負暄》

日前拋核處忽有幼芽生
子愷畫
緣緣堂畫箋
TK

種果得果
子愷畫
緣緣堂畫箋

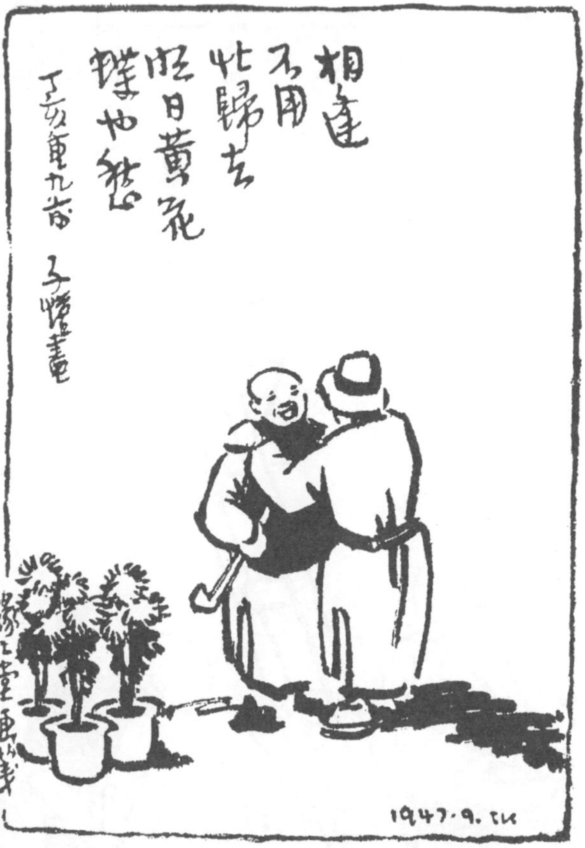
相逢
不用
忙歸去
明日黃花
蝶也愁
丁亥重九前 子愷畫
緣緣堂畫箋
1947.9.ZK

上坡

物質文明，誠可寶貴。然火刀時代，殺人工具亦拙，人禍遠不如今日之烈。吸火器（一種當時的發明，用於吸煙者安全取火。——編者）雖巧，然與轟炸機、毒瓦斯俱來，殺人工具比取火工具更巧。功不補患，得不償失。物質文明片面發達，實人世之大禍也。陶詩云：「榮華誠足貴，亦復可憐傷。」

——《教師日記》

我自己明明覺得我是一個二重人格的人。一方面是一個已近知天命之年的、三男四女俱已長大的、虛偽的、冷酷的、實利的老人（我敢說，凡成人，沒有一個不虛偽、冷酷、實利）；另一方面又是一個天真的、熱情的、好奇的、不通世故的孩子。這兩種人格，常常在我心中交戰。雖然有時或勝或敗，或起或伏，但總歸是勢均力敵，不相上下，始終在我心中對峙着。

——《讀「緣緣堂隨筆」讀後感》

在中國，我覺得孩子太少了。成人們大都熱衷於名利，縈心於社會問題、政治問題、經濟問題、實業問題……沒有注意身邊瑣事、細嚼人生滋味的餘暇與餘力，即沒有做孩子的資格。

——《讀「緣緣堂隨筆」讀後感》

我覺得人類不該依疆土而分國，應該依趣味而分國。耶穌孔子釋迦是同國人，李白杜甫莎士比亞拜倫是同國人。希特勒墨索里尼東條英機等是同國人。……而我與吉川谷崎以及其他愛讀我的文章的人也可說都是同鄉。

——《讀「緣緣堂隨筆」讀後感》

我自從緣緣堂被毀以來，深感收藏的虛空，同人生一樣虛空。所以每逢有人送我珍貴的東西，我一定轉送給相當的朋友。我自己片紙也不收藏了。

——《拜觀弘一法師攝影集後記》

吉川說我在海派文人中好比「鶴立雞群」。這一比也比得不錯。雞是可以殺來吃的，營養的，滋補的，功用很大的。而鶴呢除了看看而外，毫無用處！倘有「煮鶴焚琴」的人，定要派牠實用，而想殺牠來吃，牠就戛然長鳴，沖霄而去，不知所至了！

——《讀「緣緣堂隨筆」讀後感》

我的文藝生活，可分兩個時期：前期（四十歲以前）是多樣的，對繪畫、文學音樂都感興趣。我年輕時在東京，上午學畫，下午學琴，晚上學外文，正是「三腳貓」。回國後也是為這三方面寫作，作品大都在開明書店刊印。後期疏遠繪畫與音樂，偏好文學。……至於音樂，則早已完全放棄了。這後期可說是「兩腳貓」了。……綜合看來我對文學，興趣特別濃厚。因此我的作畫，也不免受了文學影響。我不會又不喜作純粹的風景畫或花卉等靜物畫；我希望畫中含有意義——人生情味或社會問題。我希望一幅畫可以看看，又可以想想。換言之，我是企圖用形狀色彩來代替了語言文學而作文。……當然我也喜歡看雄偉壯麗的山水畫、華美優雅的花鳥畫等。然而自己動起筆來，總想像作文一樣表現思想感情。偶爾畫幾張純粹表現形象色彩之美的畫，便覺乏味，彷彿過不得癮。

——《作畫好比寫文章》

仔細想來，無論何事都是大大小小、千千萬萬的「緣」所湊合而成，缺了一點就不行。世間的因緣何等奇妙不可思議！

——《緣》

我始終相信「緣」的神秘。所以堂也取名「緣緣」。人生的事是複雜的，便是因為「緣」神秘之故。

——書信《致夏宗禹》

「物質文明」決不可脫離了「精神文明」而單獨發達。兩者必須提攜並進，方能為人類造福。……倘兩者不能提攜並進，則與其使物質文明單獨發達，遠不如使精神文明單獨發達。因為精神文明單獨發達，不過生活樸陋一點罷了，人類尚得安居樂業。倘教物質文明單獨發達，則正義、公理、人道都要淪亡，而人類的末日到了！

——《物質文明》

物質文明必須隨從於精神文明而發展，方能為人類造福，倘使脫離精神文明而單獨發展，必為人類禍害。

——《教師日記》

他們為甚麼能如此？（如此，是指能推己及人。——編者）就為了富有同情。同情極度擴張，能把全人類看作一個身體。左手受傷，右手豈能獨樂？一顆牙齒痛，全身為之不安。這樣，「一己」和「大群」就不可分離。我就有「小我」和「大我」。小我就是一身，大我就是全群。

——《殺身成仁》

這一晚，我不勝委屈之情。我覺得「空襲」這一種殺人的辦法，太無人道。「盜亦有道」，則「殺亦有道」。大家在平地上，你殺過來，我逃。我逃不脫，被你殺死，這樣的殺，在殺的世界中還有道理可說，死也死得情願。如今從上面殺來，在下面逃命，殺的穩佔優勢，逃的穩是吃虧。死的事體還在其次，這種人道上的不平，和感情上的委屈，實在非人所能忍受！我一定要想個辦法，使空中殺人者對我無可奈何，使我不再受此委屈。

——《宜山遇炸記》

我有十萬斛的同情寄與淪落在戰地裏的人！

——《桐廬負暄》

我恨不得有一隻大船，盡載了石門灣及世界一切眾生，開到永遠太平的地方。

——《辭緣緣堂》

我也來同佛教做買賣吧。但我的生意經和他們不同：我以為這次買賣並不蝕本，且大得其利，佛畢竟是有靈的。人生求利益，謀幸福，無非為了要活，為了「生」。但我們還要求比「生」更貴重的一種東西，就是古人所謂「所欲有甚於生者」。這東西是甚麼？平日難於說定，現在很容易說出，就是「不做亡國奴」，就是「抗敵救國」。與其不得這東西而生，寧願得這東西而死。因為這東西比「生」更為貴重。現在佛已把這宗最貴重的貨物交付我了。我這買賣豈非大得其利？房子（指故居「緣緣堂」被日本鬼子焚毀。——編者）不過是「生」的一件小小的附飾，有甚麼可惜呢？佛畢竟是有靈的。

——《佛無靈》

我們要以筆代舌，而吶喊「抗敵救國」！我們要以筆當刀，而在文藝陣地上衝鋒殺敵。

——《勞者自歌》

不抗爭而活是羞恥的，不抗爭而死是怯弱的；抗爭而活是光榮的，抗爭而死也是甘心的。

——《肉腿》

人間的事，只要生機不滅，即使重遭天災人禍，暫被阻抑，終有抬頭的日子。個人的事如此，家庭的事如此，國家、民族的事也如此。

——《生機》

敵之擾人，實甚於蚊蠅臭蟲。我語蕭君（指蕭而化，作者在上海江灣立達學園之學生，萍鄉人。作者逃難途經萍鄉時曾由蕭接待，在鄉間逗留。——編者）：「我等生活不安定，在今日實是小事，決不可因此而懊喪或灰心。因懊喪與灰心無救於事，反而損失元氣，最下策也。吾等尚不算流離失所。不過輾轉遷徙，多些麻煩。今日吾民族正當生死存亡關頭，多些麻煩，誠不算苦。吾等要自勵不屈不撓精神，以為國民表率。此亦一種教育，此亦一種抗戰。」

——《教師日記》

孫中山先生思想極為偉大！試看他的論著，凡百事業，除保護國家，復興民族之外，必以促進世界大同為最後目標。可見他對於人類的愛，沒有鄉土、國際的界限。凡是圓顱方趾的人，都是他所愛護的。此心與中國古聖賢的「正道」、「仁政」相合，可謂偉大之極！

——《孫中山先生偉大》

藝術能使人自然地克制人慾，保存天理。換言之，藝術能自然地減殺人的物質的迷戀，提高人的精神生活。關於這點，孟子有很好的説明。他説：魚是我所要吃的，熊掌也是我所要吃的。倘使這兩者不能兼得，我情願捨了魚而去取得熊掌。生命是我所欲得的，正義也是我所欲得的。倘使兩者不能兼得，我情願捨了生命而去取得正義。

——《藝術必能建國》

第三章

談閒情

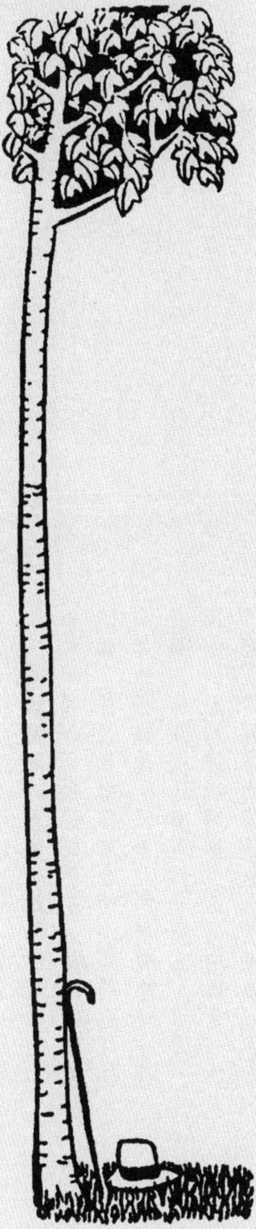

團體機關的同事，是偶然聚集的；學校的同學，也是偶然在一起的；親戚同鄉，往往是勉強結合的；鄰居也往往是萍水相逢的。只有我的展覽會場中找我唔談的新朋，真可說是同志、好友、知音，因為經過精神生活（文與畫）的介紹，是根本上志趣投合的朋友。古人云：「樂莫樂於新相知。」為了追求這樂，我捨不得離開我的展覽會場。我每天會晤我的新朋，我每天帶了歡樂的疲勞而回到我的寓所。

——《會場感興》

趣味，在我是生活上一種重要的養料，其重要幾近於麵包。

——《家》

我的愛平劇，始於抗戰前幾年，緣緣堂初成的時候，我們新造房子，新買一架留聲機。唱片多數是西洋音樂，略買幾張梅蘭芳的唱片點綴。因為「五四」時代，有許多人反對平劇，要打倒它，我讀了他們的文章，覺得有理，從此看不起平劇。不料留聲機上的平劇音樂，漸漸牽惹人情，使我終於不買西洋音樂片子而專買平劇唱片，尤其是梅蘭芳的唱片了。原來「五四」文人所反對的，是平劇的含有封建毒素的陳腐的內容，而我所愛好是平劇的誇張的象徵的明快的形式——音樂與扮演。……西洋音樂是「和聲的」（harmonic），東洋音樂是「旋律的」（melodic）。平劇的音樂，充份地發揮了「旋律的音樂」的特色。

——《訪梅蘭芳》

我的看戲的愛好，還是流亡後在四川開始的。有一時我旅居涪陵，當地有一平劇院，近在咫尺。我旅居無事，同了我的幼女一吟，每夜去看。起初，對於紅袍進，綠袍出，不感興味。後來漸漸覺得，這種扮法與演法，與其音樂的作曲法同出一軌，都是誇張的、象徵的表現。例如紅面孔一定是好人；白面孔一定是壞人；花面孔一定是武人；旦角的走路像走繩索；淨角的走路像拔泥腿……凡此種種扮演法，都是根據事實加以極度的誇張而來的。蓋善良正直的人，臉色光明威嚴，不妨誇張為紅；奸邪暴戾的人，臉色冷酷陰慘，不妨誇張為白；好勇鬥狠的人，其臉孔崢嶸突厄，不妨誇張為花。窈窕的女人的走路相，可以誇張為一直線。堂堂的男子的跨大步，可以誇張得像拔泥足……因為都是根據寫實的，所以初看覺得奇怪，後來自會覺得自然。至於騎馬只要拿一根鞭子，開門只要裝一個手勢等，既免嚕蘇繁冗之弊，又可給觀者以想像的餘地。我覺得這比寫實的明快得多。

——《訪梅蘭芳》

酒酣耳熱
子愷
緣緣堂畫箋

藝術種類繁多，不下一打：繪畫，書法，金石，雕塑，建築，工藝，音樂，舞蹈，文學，戲劇，電影，照相。這一打藝術之中，最深入民間的，莫如戲劇中的平劇！山農野老，豎子村童，字都不識，畫都不懂，電影都沒有看見過的，卻都會哼幾聲皮黃，都懂得曹操的奸、關公的忠、三娘的貞、竇娥的冤……而出神地欣賞，誠懇地評論。足證平劇（或類似平劇的地方戲）在我國歷史悠久，根深柢固，無孔不入，故其社會的效果最高。書畫也是具有數千年歷史的藝術，何以遠不及平劇的普遍呢？這又足證平劇不但歷史悠久，而且在其本質上具有一種吸引人情、深入人心的魔力。故能如此普遍，如此大眾化的。

——《再訪梅蘭芳》

我自有一種嗜好和主張……原來我有一種習慣，歡喜搬房間，房間看得厭倦了要擺過。在青年時代，我的房間是每半月搬動一次，把幾件傢具像着棋一般調來調去，調出種種的景象來。

——《房間藝術》

閒話休提，我們再來欣賞梅花。在樹上的是梅花的實物，在橫幅中的是梅花的畫，在文學中的是梅花的詞。畫與詞都是藝術品。藝術品是因了材料而把美具體化的。材料不同，有的用紙，有的用言語，有的用大理石，有的用音。即成為繪畫、文學、雕刻、音樂等藝術。無論哪一種藝術，都是借一種物質而表現，而訴於我們的感覺的。

——《從梅花說到藝術》

純粹用感覺來看，剃頭這景象中，似覺只有剃頭司務一個人，被剃的人暫時變成了一件東西。因為他無聲無息，呆若木雞；全身用白布包裹，只留出毛毛草草的一個頭，而這頭又被操縱在剃頭司務之手，全無自主之權。

——《野外理髮處》

留客題詩夜煮茶
子愷畫
緣緣堂畫箋
TK

我的茶房很老實，我回旅館時不給我脫外衣，我洗面時不給我絞手巾，我吸香煙時不給我擦自來火，我叫他做事時不喊「是——是——」，這使我覺得很自由，起居生活同在家裏相差不多。

——《家》

講演我是最怕的。無端地對不相識的大眾講一大篇不必要的話，我認為是最不自然、最滑稽的一種把戲……

——《讀「緣緣堂隨筆」讀後感》

上海的市街形式是直的，杭州的市街形式是橫的。直的形式有嚴肅之感，橫的形式有和平之感。只要比較觀看直線和橫線，便可知道形式感情的區別。直線是階級的，橫線是平等的。直線有危險性，橫線則表示永久的安定。故直線比橫線森嚴，橫線比直線可親。森林多直線，使人感到凜然；流水多橫線，使人感到快爽。上海近來高層建築日漸增多，雖然沒有像森林一般密，也可謂「林立」了。我們身在高不可仰的大建築物下面行走，覺得自己的身體在相形之下非常渺小，自然地感到一種恐怖。設想這種高大的建築物假如坍倒下來，可使許多人粉身碎骨，好像大皮鞋落在螞蟻隊伍上一樣。

——《市街形式》

有一次我在一位老先生家便飯。席上魚肉之外有青菜和豆腐。老先生知道我不吃肉，請我吃豆腐和青菜。但我一看，豆腐和青菜中都加些肉屑，我竟不能下箸，向主人討些生豆腐，加些麻油醬油，津津有味地吃了一餐飽飯。旁人都說奇怪。誰謂荼苦，其甘如薺呀！

——《食肉》

無論何人，交際應酬中的臉孔多少總有些不自然，其表情筋肉多少總有些兒吃力。最自然、最舒服的，只有板着臉孔獨居的時候。

——《家》

平生不善守錢。餘剩的鈔票超過了定數，就坐立不安，非想法使盡它不可。緣緣堂落成後一年，這種鈔票作怪，……我不在杭州賺錢，而無端去作寓公。但我自以為是。古人有言：「不為無益之事，何以遣有涯之生？」我相信這句話，而且想借莊子的論調來加個註解：益就是利。……杭州之所以能給我優美的印象，就為了我對它無利害關係，所見的常是它的藝術方面的緣故。

——《辭緣緣堂》

我不慣硬床而喜歡軟床。抗戰前常用棕墊床。逃難後常用帆布床。前日所用帆布床坍損，不得已而用竹榻，遂影響於睡眠。用軟床時，半夜一醒，即再睡；用硬床則一醒不能再睡，近來異常早起，即為此故。

——《教師日記》

板臉孔，好像是一種兇相。但我覺得是最自在最舒服的一種表情。我自己覺得，平日獨自居在家裏的房間裏讀書寫作的時候，臉孔的表情總是嚴肅的，極難得有獨笑或獨樂的時光。

——《家》

平日看到剃頭，總以為被剃者為主人，剃者為附從。故被剃者出錢僱用剃頭司務，而剃頭司務受命做工；被剃者端坐中央，而剃頭司務盤旋奔走。但繪畫地看來，適得其反：剃頭司務為畫中主人，而被剃者為附從。因為在姿勢上，剃頭司務提起精神做工，好像雕刻家正在製作，又好像屠户正在殺豬。而被剃者不管是誰，都垂頭喪氣地坐着，忍氣吞聲地讓他弄，好像病人正在求醫，罪人正在受刑。

——《野外理髮處》

野外理髮處

我從小不吃肉，豬牛羊肉一概不要吃，吃了要嘔吐。三四歲以前，本來是要吃的，肥肉也要吃。但長大起來，就不要吃了。原因何在，不得而知。大約是生理關係，彷彿牛馬羊不要吃葷，只要吃草。

——《食肉》

土白實在痛快，個個字入木三分，極細緻的思想感情也充份表達得出。

——《廬山遊記之三》

古人詩云：「三杯不記主人誰。」吃酒是興味的，是無條件的，是藝術的。既然共飲，就不必斤斤計較酒的所有權；吝情去留，反而殺風景，反而有傷生活的詩趣。

——《沙坪的酒》

觀棋不語
子愷畫
緣緣堂畫箋
TK 1947

優待的虐待，是我在做客中常常受到而頂頂可怕的。例如拿了不到半寸長的火柴來為我點香煙，弄得大家倉皇失措，我的鬍鬚幾被燒去；把我所不喜歡吃的菜蔬堆在我的飯碗上，使我無法下箸；強奪我的飯碗去添飯，使我吃得停食；藏過我的行囊，使我不得告辭。這種招待，即使出於誠意，在我認為是逐客令，統稱之為優待的虐待。

——《家》

我入社會後，索性自稱素食者，以免麻煩。其實鱖魚、河蟹，我都愛吃。……遍觀古往今來，中土外國，無不以肉為美味。「六十非肉不飽」「晚食以當肉」，足見人們對肉的珍視。我不吃肉，實在是「大逆不道」！但我「知故不改」，卻笑「食肉者鄙」。

——《食肉》

「吃酒圖醉，放債圖利」，這種功利的吃酒，實在不合於吃酒的本旨。吃飯，吃藥，是功利的。吃飯求飽，吃藥求癒，是對的。但吃酒這件事，性狀就完全不同。吃酒是為興味，為享樂，不是求其速醉。

——《沙坪的酒》

在抗戰時期，請紹酒坐飛機，與請洋狗坐飛機有相似的意義。這意義所給人的不快，早已抵消了其氣味的清香與上口的舒適了。我與其吃這種紹酒，寧願吃沙坪的渝酒。

——《沙坪的酒》

宴會，不知是誰發明的，最不合理的一種惡劇！突然要集許多各不相稔的人，在指定的地方，於指定的時間，大家一同喝酒、吃飯，而且抗禮或談判。這比上課講演更吃力，比出庭對簿更兇！我過去參加過多次，痛定思痛，苦況歷歷在目。

——《宴會之苦》

中國的合食是不好的辦法，各人的唾液都可能由筷子帶進菜碗裏，拌勻了請大家吃。西洋的分食辦法就沒有這弊端，很應該採用。然而西洋的刀叉，中國人實在用不慣，我們還是用筷子便當。

——《黃山印象》

我小時候要吃糕，母親不買別的糕，專買茯苓糕給我吃。很甜，很香，很好吃。……我作畫作文，常拿茯苓糕做榜樣。茯苓糕不但甜美，又有滋補作用，能使身體健康。畫與文，最好也不但形式美麗，又有教育作用，能使精神健康。數十年來，我的作畫作文，常以茯苓糕為標準。

——《吃糕的話——代序》

我曾經住過上海，覺得上海住家，鄰人都是不相往來，而且敵視的。我也曾做過上海的學校教師，覺得上海的繁華和文明，能使聰明的明白人得到暗示和覺悟，而使悟力薄弱的人受到很惡的影響。我覺得上海雖熱鬧，實在寂寞；山中雖冷靜，實在熱鬧，不覺得寂寞。就是上海是騷擾的寂寞，山中是冷清的熱鬧。

——《山水間的生活》

患眼疾，不能寫日記。……凡三四日。此三四日中，鎮日枯坐，沉悶萬狀，始知眼之功德無量。昔在緣緣堂，患眼疾時，有風琴，有蓄音機（指唱機。——編者），可由耳吸收精神的食糧。今在流離之中，百事草草，連口琴亦無之。唯有鄰居南蠻鴃舌之音時來聒耳耳。此數日中唯一之慰樂，為吃瓜子。廣西瓜子形小而腴，誘惑力極大。不吃則已，一吃則黏纏到底，欲罷不能。昔年我曾為文，斥瓜子為盜時之賊，論瓜子之可以亡國（曾載《宇宙風》），近日則視此為唯一的慰藉者。蓋病中時間過剩，唯恐其不來盜也。今日病瘉，見之立刻心生嫌惡，只覺此物有頹廢之氣，不可向邇。擬再作廣西瓜子論以斥之。姑念數日來相慰之情，作罷。

——《教師日記》

時酒，是一種白色的米酒，酒力不大，不過二十度，遠非燒酒可比，價錢也很便宜，但頗能醉人。……我也愛吃這種酒，後來客居杭州上海，常常從故鄉買時酒來喝。因為我要寫作，宜飲此酒。李太白「但願長醉不願醒」，我不願。

——《癩六伯》

到墟上買瓜子，一毫子二兩，七毫子一斤。為貪便宜，我買一斤。實則反而吃虧。……何以言之？此物本吾所惡。抗戰前曾寫一篇瓜子亡國論登《宇宙風》。今所以買一斤者，蓋因陳寶患眼疾，將借此消遣。健康人常吃瓜子可以亡國，病人常吃瓜子可以解悶。凡事固不可無權變也。誰知買一斤回家，家人因其便宜而多也，群起而吃之，不終日即盡一斤。此所以要便宜反吃虧也。蓋嘗論之：世之要便宜者，皆有類於是，但不若是之顯著耳。譬如買物，論斤論兩，錙銖計較，費口舌，費往返，費時間，所失決不能抵償所得。所得者只是「我便宜了」之一點安慰而已。故世所謂便宜，皆非「實利」，但「心利」耳。人皆知金錢之難得，故每逢出手，必拼命撙節。獨不知撙節所耗之無形之金錢，往往遠過於撙節所得之有形之金錢。此所謂「貪小失大」「逐末忘本」。世間多庸人，此亦其一因也。

——《教師日記》

深夜的巡遊者
TK

鄉村究竟太寂寞，太沉悶。我覺得鄉村不可不來遊或小住，但不可久居。

——《教師日記》

去年今日，流亡才兩月，居萍鄉彭家橋蕭祠中，環境荒寂，行物蕭條，零丁孤苦，莫甚於此時。今日則大不然：打年糕，吃年夜飯，席上更添一初歲嬌兒，笑語滿座。融洽之樂，且過於緣緣堂中，念此可浮一大白！但推想鐵蹄蹂躪之下，必有家破人亡之同胞，飲恨吞聲而度此除夕者，則又感慨繫之。

——《教師日記》

抗戰以前，吾嘗深居簡出，好靜惡動。今則反動甚烈，每思遍遊天下，到處為家。彬然（指傅彬然，浙江蕭山人，編輯、出版家、當代教育家。後文亦有提及。——編者）見吾率眷老幼十一人行數千里，讚曰「偉大的旅行」。吾將使成為「更偉大的旅行」。但有旅行，決不吝惜。與其積鈔票於篋，不如積閱歷於身。

——《教師日記》

暑假開始矣。才過一早晨，即覺生活冗長散漫，反不如上課時有節。此心理恐不獨我有，乃人類的弱點。貧者苦不足，富者又苦受累。獨身者苦孤單，有家室又苦擔負。無子者苦寂寥，有子則又苦作牛馬。如平民苦貧賤，做官又苦奔走。不學苦愚陋，學成又苦勞神，而反羨村夫豎子之無知。莎士比亞言「人是瞻前顧後的動物」，吾謂「人是到處尋苦之動物」。

——《教師日記》

近來我對世事，木知木覺，自得其樂。都是養生之道。

——書信《致豐新枚、沈綸》

時間劃分了段落似覺過得快些，同時感到爽快；混沌地移行似覺過得慢些，同時感到沉悶。這好比音樂：許多音漫無分別地連續奏下去，冗長而令聽者感覺厭倦。若分了樂章、樂段、樂句，劃了小節，便有變化，而令人感覺快適了。

——《新年》

你的字，實在太潦草，教人難於認識。此後對外人，應該寫得工整些，此乃給人第一印象。看信費力，第一印象就不好了，多少會影響事情。

——書信《致豐新枚、沈綸》

此間，用不滿足的心來説，是岑寂無聊，用滿足的心來説，是平安無事。我是知足的，故能自得其樂。

——書信《致豐新枚、沈綸》

我的時間全部是我自己的。這是我的性格的要求。

——《沙坪小屋的鵝》

我也曾經立意要不費時間，躲在床角裏不動。然而壁上的時辰鐘「的格的格」地告訴我，時間管自在那裏耗費。於是我想，做了人真像「騎虎之勢」，無法退縮或停頓，只有努力地惜時光，積極地向前奮鬥，直到時間的大限來到。

——《惜春》

春的景象，只有乍寒、乍暖、忽晴、忽雨是實際而明確的。此外雖有春的美景，但都隱約模糊，要仔細探尋，才可依稀彷彿地見到，這就是所謂「尋春」罷？有的說「春在賣花聲裏」，有的說「春在梨花」，又有的說「紅杏枝頭春意鬧」，但這種景象在我們這枯寂的鄉村裏都不易見到。即使見到了，肉眼也不易認識。總之，春所帶來的美，少而隱；春所帶來的不快，多而確。詩人詞客似乎也承認這一點，春寒、春困、春愁、春怨，不是詩詞中的常談麼？不但現在如此，就是再過個把月，到了清明時節，也不見得一定春光明媚，令人極樂。倘又是落雨，路上的行人將要「斷魂」呢。可知春徒有其名，在實際生活上是很不愉快的。實際一年中最愉快的時節，是從暮春開始的。

——《春》

可知時間劃分愈細，感覺上過得愈快。故「快」就是「樂」，快樂稱為「快活」。……在實際上求壽命之長，而在感覺上求生活過去之快。人工的時間劃分，便是在感覺上求生活過去之快的一法。

——《新年》

人們只注意於這是某種子開出的花，而不知道花是受土壤的滋養，在土壤上繁榮，而為土壤所有的。

——《女性與音樂》

坐船逢雨天，在別處是不快的，在塘棲卻別有趣味。因為岸上淋勿着，絕不妨礙你上岸。況且有一種詩趣，使你想起古人的佳句：「人人盡説江南好，遊人只合江南老。春水碧於天，畫船聽雨眠。」「閒夢江南梅熟日，夜船吹笛雨瀟瀟。」古人讚美江南，不是信口亂道，確是親身體會才説出來的。江南佳麗地，塘棲水鄉是代表之一。我謝絕了二十世紀的文明產物的火車，不惜工本地坐客船到杭州，實在並非頑固。

——《塘棲》

花木有時被關閉在私人的庭院裏，吃了園丁的私刑而獻媚於紳士淑女之前。草則到處自生自長，不擇貴賤高下。人都以為花是春的作品，其實春工不在花枝，而在於草。看花的能有幾人？草則廣泛地生長在大地的表面，普遍地受大眾的欣賞。這種美景，是早春所見不到的。

——《春》

別的樹木都憑仗了春之力而拼命向上，一味求高，忘記了自己的根本。其貪婪之相不合於春的精神。最能象徵春的神意的，只有垂楊。

——《楊柳》

曾見有些盆景，人們把花枝彎轉來，用繩紮住，使它生長得奇形怪狀，半身不遂。這種矯揉造作，難看極了。種冬青作籬笆，本來是很好的。株株冬青，或高或矮，原是它們的自然姿態，很好看的。但有人用一把大剪刀，把冬青剪齊，彷佛砍頭，弄得株株冬青一樣高低，千篇一律，有甚麼好看呢？倘使這些花和冬青會說話，會暢所欲言，我想它們一定會提出抗議。

——《我作了四首詩》

跑到十字路口，看見紅燈使人不快。它要你立着等待幾分鐘才得通過。反之，看見綠燈就覺得和平可親。它彷佛在向你招手，保你平安地穿過「如虎口」的馬路去。

——《五月》

上午陽光入吾室。以手拍衣，灰塵飛揚滿室中，如大霧瀰漫。村居灰塵甚多。吾等已同化於其中，久不感覺灰塵之可惡。今於陽光中見其詳，不勝驚駭。四個月來，吾人時時呼吸於此種灰塵中，肺得不為垃圾箱乎？此灰塵平日無時不有。無陽光照映，目不能見，心即安然。世事類此者甚多。此事發吾深省。

——《教師日記》

我的愛點香，是為了香的煙縷的形象的美。我們所居的房屋中，所陳列的物件，都是靜止的。好畫滿壁，好花滿瓶，好書滿架，都是不動的。……香煙繚繞，在空中畫出萬千種美妙的形狀，實在是可以賞心悅目的。

——《我的燒香癖》

揮毫
TK

第四章

談弘一與宗教

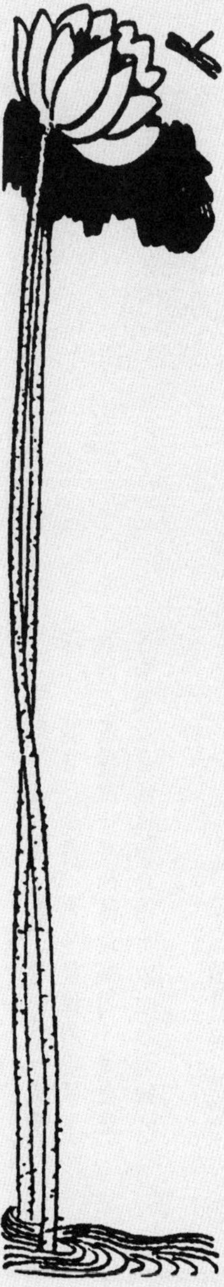

弘一法師……在我心目中印象太深……我自己覺得，為他畫像的時候，我的心最虔誠，我的情最熱烈，遠在驚惶慟哭及發起追悼會、出版紀念刊物之上。

——《為青年說弘一法師》

他（指李叔同。——編者）的受人崇敬使人真心地折服，是另有背景的。背景是甚麼呢？就是他的人格。他的人格，值得我們崇敬的有兩點：第一點是凡事認真，第二點是多才多藝。先講第一點：李先生一生的最大特點是「凡事認真」。他對於一件事，不做則已，要做就非做得徹底不可。……

——《為青年說弘一法師》

一般所謂佛教，千百年來早已歪曲化而失卻真正佛教的本意。一般佛寺裏的和尚，其實是另一種奇怪的人，與真正佛教毫無關係。因此世人對佛教的誤解，越弄越深。……未曾認明佛教真相的人，就排斥佛教，指為消極，迷信，而非打倒不可。歪曲的佛教應該打倒；但真正的佛教，崇高偉大，勝於一切。

——《為青年説弘一法師》

人的一切生活，都可以説是「宗教的」。

——《為青年説弘一法師》

人真是可憐的動物！極微細的一個「緣」，可以左右你的命運，操縱你的生死。而這些「緣」都是天造地設，全非人力所能把握的。

——《為青年説弘一法師》

為甚麼入學校？為了欲得教養。為甚麼欲得教養？為了要做事業。為甚麼要做事業？為了滿足你的人生慾望。再問下去，為甚麼要滿足你的人生慾望？你想了一想，一時找不到根據，而難於答覆。你再想一想，就會感到疑惑與虛空。你三想的時候，也許會感到苦悶與悲哀。這時候你就要請教「哲學」，和他的老兄「宗教」。這時候你才相信真正的佛教高於一切。

——《為青年說弘一法師》

他（指李叔同。——編者）是實行人格感化的一位大教育家。我敢說：自有學校以來，自有教師以來，未有盛於李先生者也。

——《為青年說弘一法師》

我看見這世間有一個極大而極複雜的網。大大小小的一切事物，都被牢結在這網中，所以我想把握某一種事物的時候，總要牽動無數的線，帶出無數的別的事物來，使得本物不能孤獨地明晰地顯現在我的眼前，因之永遠不能看見世界的真相。所以我想找一把快剪刀，把這個網盡行剪破，然後來認識這世界的真相。藝術，宗教，就是我想找來剪破這「世網」的剪刀吧！

——《剪網》

我的護生之旨是護心，不殺螞蟻非為愛惜螞蟻之命，乃為愛護自己的心，使勿養成殘忍。

——《佛無靈》

信佛為求人生幸福，我絕不反對。但是，只求自己一人一家的幸福而不顧他人，我瞧他不起。

——《佛無靈》

無常之慟，大概是宗教啟性的出發點吧。一切慷慨的、忍苦的、慈悲的、捨身的、宗教的行為，皆建築在這一點心上。故佛教的要旨，被包括在這個十六字偈內：「諸行無常，是生滅法。生滅滅已，寂滅為樂。」這裏下兩句是佛教所特有的人生觀與宇宙觀，不足為一般人道；上兩句卻是可使誰都承認的一般公理，就是宗教啟信的出發點的「無常之慟」。

——《無常之慟》

「人生無常」，本身是一個平凡的至理。「回黃轉綠世間多，後來新婦變為婆。」這些回轉與變化，因為太多了，故看作當然時便當然而不足怪。但看作驚奇時，又無一不可驚奇。關於「人生無常」的話，我們在古人的書中常常讀到，在今人的口上又常常聽到。倘然你無心地讀，無心地聽，這些話都是陳腐不堪的老生常談，但倘然你有心地讀，有心地聽，它們就沒有一字不深深地刺入你的心中。

——《無常之慟》

我們所愛護的，其實不是禽獸魚蟲的本身（小節），而是自己的心（大體）。換言之，救護禽獸魚蟲是手段，宣導仁愛和平是目的。

——《一飯之恩》

真正的和尚，正信、慈悲、勇猛精進之外，又恪守僧戒，數十年如一日，俱足比丘的資格。

——《懷太虛法師》

真是信佛，應該理解佛陀四大皆空之義，而屏除私利；應該體會佛陀的物我一體，廣大仁慈之心，而愛護群生。至少，也應知道親親而仁民，仁民而愛物之道。

——《佛無靈》

大人們的一切事業與活動，大都是卑鄙的；其能庶幾彷彿於兒童這個尊貴的「赤子之心」的，只有宗教與藝術。故用宗教與藝術來保護、培養他們這赤子之心，當然最為適宜。從小教以宗教的信仰、出世的思想，勿使其全心固着於地面，則眼光高遠，志氣博大，即為「大人」。否則，至少從小教以藝術的趣味。音樂、繪畫、詩歌，能洗刷心的塵翳，使顯出片刻的明淨。即藝術能提人之神於太虛，使人得看清楚世界的真相、人生的正路，而不致沉淪、摸索於下面的暗中了。

——《告母性》

夏先生常說：「李先生（指李叔同先生和夏丏尊先生。——編者）教圖畫、音樂，學生對圖畫、音樂，看得比國文、數學等更重。這是有人格作背景的緣故。因為他教圖畫、音樂，而他所懂得的不僅是圖畫、音樂；他的詩文比國文先生的更好，他的書法比習字先生的更好，他的英文比英文先生的更好……這好比一尊佛像，有後光，故能令人敬仰。」

——《悼丏師》

這兩位導師，如同父母一樣。李先生的是「爸爸的教育」。夏先生的是「媽媽的教育」。

——《悼丏師》

我崇仰弘一法師，為了他是「十分像人的一個人」。凡做人，在當初，其本心未始不想做一個十分像「人」的人；但到後來，為環境、習慣、物慾、妄念等所阻礙，往往不能做得十分像「人」。其中九分像「人」，八分像「人」的，在這世間已很偉大；七分像「人」，六分像「人」的，也已值得讚譽；就是五分像「人」的，在最近的社會裏也已經是難得的「上流人」了。像弘一法師那樣十分像「人」的人，古往今來，實在少有。所以使我十分崇仰。

——《「弘一大師」全集序》

客船自載鐘聲去
落日殘僧立寺橋
子愷畫

大。

弘一法師是我學藝術的教師，又是我信宗教的導師。我的一生，受法師影響很大。

——《我與弘一法師》

我以為人的生活，可以分作三層：一是物質生活，二是精神生活，三是靈魂生活。物質生活就是衣食。精神生活就是學術文藝。靈魂生活就是宗教。「人生」就是這樣的一個三層樓。懶得（或無力）走樓梯的，就住在第一層，即把物質生活弄得很好，錦衣玉食。尊榮富貴，孝子慈孫，這樣就滿足了。這也是一種人生觀。其次，高興（或有力）走樓梯的就爬上二層樓去玩玩，或者久留在裏頭。這就是專心學術文藝的人。他們把全力貢獻於學問的研究，把全心寄託於文藝的創作和欣賞。這樣的人，在世間也很多，即所謂「知識分子」，「學者」，「藝術家」。還有一種人，「人生慾」很強，腳力很大，對二層樓還不滿足，就再走樓梯，爬上三層樓去。這就是宗教徒了。他們做人很認真，滿足了「物質慾」還不夠，必須探求人生的究竟。他們以為財產子孫都是身外之物，學術文藝都是暫時的美景，連自己的身體都是虛幻的存在。他們不肯做本能的奴隸，必須追求靈魂的來源，宇宙的根本。這才能滿足他們的「人生慾」。這就是宗教徒。世間就不過這三種人。

——《我與弘一法師》

藝術家看見花笑，聽見鳥語，舉杯邀明月，開門迎白雲，能把自然當作人看，能化無情為有情，這便是「物我一體」的境界。更進一步，便是「萬法從心」、「諸相非相」的佛教真諦了。故藝術的最高點與宗教相通。

——《我與弘一法師》

做人好比喝酒：酒量小的，喝一杯花雕酒就已醉了，酒量大的，喝花雕嫌淡，必須喝高粱酒才能過癮。文藝好比是花雕，宗教好比是高粱。弘一法師酒量很大，喝花雕不能過癮，必須喝高粱。我酒量很小，只能喝花雕，難得喝一口高粱而已。但喝花雕的人，頗能理解喝高粱者的心。故我對於弘一法師的由藝術昇華到宗教，一向認為當然，毫不足怪的。……弘一法師由藝術昇華到宗教，是必然的事。

——《我與弘一法師》

在他（指弘一法師。——編者）看來，做和尚比做其他一切更有意思。換言之，佛法比文藝教育更有意思，最崇高，最能夠滿足他的「人生慾」。所以他碰到佛法便嘆為觀止了。

——《拜觀弘一法師攝影集後記》

春郊草味鲜

人生一切是無常的！能夠看透這個「無常」，人便可以拋卻「我利私慾」的妄念，而安心立命地、心無掛礙地、勇猛精進地做個好人。所以佛法決不是消極的！所以佛法最崇高！

——《拜觀弘一法師攝影集後記》

我笑世人都很淺薄，大都為名利恭敬虛度一生。能看到人生真諦的，少有其人。我所崇拜的，是像弘一法師的人。

——書信《致夏宗禹》

我腳力小，不能追隨弘一法師上三層樓，現在還停留在二層樓上，斤斤於一字一筆的小技，自己覺得很慚愧。但亦常常勉力爬上扶梯，向三層樓上望望。故我希望：學宗教的人，不須多花精神去學藝術的技巧，因為宗教已經包括藝術了。而學藝術的人，必須進而體會宗教的精神，其藝術方有進步。

——《我與弘一法師》

仁者的護生，不是惺惺愛惜，如同某種鄉裏吃素老太太然；仁者的護生，不是護物本身，是護人自己的心。故仁者有「仁術」。仁術就是不拘泥於事物，而知權變，能活用的辦法。能活用護生，即能愛人。

——《桂林藝術講話之一》

我們是為公理而抗戰，為正義而抗戰，為人道而抗戰，為和平而抗戰。我們是「以殺止殺」，不是鼓勵殺生。我們是為護生而抗戰。

——《一飯之恩》

無端有意踏殺一群螞蟻，不可！不是愛惜幾個螞蟻，是恐怕殘忍成性，將來會用飛機載了重磅炸彈而無端有意去轟炸無辜的平民！

——《一飯之恩》

廣西少有為喪家作迷信事之和尚，此風甚好。蓋作迷信事之和尚，非但與佛法無關，抑且魚目混珠，邪願亂德，對佛法反多障礙。沒有此種和尚，正是社會好現象也。

——《教師日記》

TK

居士是佛教的最有力的宣傳者。和尚是對內的，居士是對外的。居士實在就是深入世俗社會裏去現身說法的和尚。

——《法味》

離小女娃墓……吾仰天而嘆曰：「造物者作此世界，不知究竟用意何在？是直惡作劇耳。吾每念及此，乃輕視世間一切政治之紛爭，主義之擾攘，而傾心於宗教。唯宗教中有人生最後之歸宿，與世間無上之真理也。」彬然正色而告曰：「非也！彼困於凍餒者，日唯飲食為憂，奚暇治宗教哉？」予愕然。心念此彬然之所以為彬然也。吾二人人生觀之相異，恐即在於此。

——《教師日記》

我們對於世事的觀測，必須胸中自有尺度，不可人云亦云，隨人起倒。

——《傳聞與實際》

鵞聽講經
142

由預想進於實行，由希望變為成功，原是人生事業展進的正道。

——《家》

凡事只要堅忍不懈地進行，即使慢些，也終於能獲得成功。

——《上天都》

一個人越是聰明，應該越是謙虛……一個人，行為第一，學問第二，倘使行為不好，學問好殺也沒有用。……反之，行為好，即使學問差些，也仍是個好人。

——書信《致菲君》

幸福不能久留，正好比月亮不肯長圓。

——《富貴的美術家》

一切眾生，本是同根，凡屬血氣，皆有共感。

——《沙坪小屋的鵝》

自掃雪中歸鹿跡
天明恐有獵人尋

風雨之夜的候門者

後記

在最近一段時期的網路上，經常可以看到很多這樣的句子：「你若愛，生活哪裏都可愛。你若恨，生活哪裏都可恨……」「不是世界選擇了你，是你選擇了這個世界。」「大事難事，看擔當；逆境順境，看胸襟……」「心小了，所有的小事就大了……」「走正確的路，放無心的手。結有道之朋，斷無義之友……」「這個世界不是有錢人的世界，也不是無錢人的世界，它是有心人的世界……」「有些動物主要是皮值錢，譬如狐狸；有些動物主要是肉值錢，譬如牛……」「無愧於天，無愧於地，無怍於人，無懼於鬼，這樣，人生。」

這些話都是誰說的？豐子愷先生？大錯特錯了！我們查遍了浙江文藝出版社和浙江教育出版社於一九九〇年聯合出版的《豐子愷文集》中的所有文章，沒有找到這些文字，應該說這些是「偽豐子愷語錄」。豐先生確實有不少各方面的論點，有藝術方面的，有教育方面的，有音樂方面的，有宗教方面的，也有人生哲理方面的，而且，這些寫於上個世紀三十、四十年代的文字，大多數到現在還有切實的教育意義。比如，豐先生在一九三八年八月一日（距今正好八十年）發表於《宇宙風》雜誌上的《物質文明》一文中寫道：

> 「物質文明」決不可脱離了「精神文明」而單獨發達。兩者必須提攜並進，方能為人類造福。……倘兩者不能提攜並進，則與其使物質文明單獨發達，遠不如使精神文明單獨發達。因為精神文明單獨發達，不過生活樸陋一點罷了，人類尚得安居樂業。倘教物質文明單獨發達，則正義、公理、人道都要淪亡，而人類的末日到了！

相比「你若愛，生活哪裏都可愛」之類的「雞湯」文字，豐先生的文字旗幟鮮明，觀點明確，敍述簡樸，有條有理。沒有花哨噱頭，沒有嘩眾取寵，更重要的

是，思想性也更加明確。

於是，我們有了編一本能體現豐子愷先生人生觀的小書的想法。正好豐先生的小女兒豐一吟女士也有同樣的想法並已付諸實施。她已年近九十高齡，利用閒餘時間從《豐子愷文集》中選取出近四萬字，分門別類一個字一個字地輸入電腦，還十分恰當地取名為《豐子愷話人生》。[1] 我們經過校訂與部份增刪，並配上豐先生早期的黑白漫畫，就形成了現在呈現在讀者面前的這樣一本書。本書所配的黑白漫畫有一百七十多幅，這些漫畫作品與所選文字創作於同一時期。有些畫讓人忍俊不禁，有些畫看了引人深思，其內容至今仍有現實意義。文字與大量漫畫集中於一書，是以往出版過的豐先生作品中很少採取的編排方式，希望能給讀者帶來新意。

豐先生是個多產的作家。除了最負盛名的漫畫，以及多語種的翻譯作品，豐先生還創作有許多散文以及藝術理論文章。《豐子愷話人生》就是從這些文字中篩選出來的。由於豐先生著述頗豐，從中選取能代表他的主要觀點並不容易，遺漏與不當之處在所難免，希望讀者多多提出寶貴意見。

楊朝嬰　楊子耘

二〇一八年八月三日

*〈後記〉作者為豐子愷先生後人。

①本書繁體字版更名為《豐子愷人生語錄》，分為「藝術篇」、「生活篇」二冊。

天地

www.cosmosbooks.com.hk

書　　名　豐子愷人生語錄：生活篇
作　　者　豐子愷
編　　者　豐一吟
責任編輯　林苑鶯
美術編輯　郭志民
出　　版　天地圖書有限公司
香港黃竹坑道46號新興工業大廈11樓（總寫字樓）
電話：2528 3671　傳真：2865 2609
香港灣仔莊士敦道30號地庫／1樓（門市部）
電話：2865 0708　傳真：2861 1541
印　　刷　亨泰印刷有限公司
柴灣利眾街27號德景工業大廈10字樓
電話：2896 3687　傳真：2558 1902
發　　行　香港聯合書刊物流有限公司
香港新界大埔汀麗路36號中華商務印刷大廈3字樓
電話：2150 2100　傳真：2407 3062
出版日期　2020年4月／初版

ISBN：978-988-8548-52-1

本書由上海譯文出版社有限公司授權繁體字版出版發行